Roger Nupie

Lichthaus
Lighthouse

Roger Nupie
Lichthaus
Lighthouse

Inhoud
Inhalt

Table of Content

Zelfportret

Nu hij zijn wilde haren
afgeschoren heeft

zich niet meer ophoudt in marginale,
evenmin artistieke cafés

uitsluitend bezorgd is om zijn buikspieren
& als bezeten fitnesst

- kan hij dan nog wel een dichter zijn?

Selbstportrait

Jetzt wo er seine wilden Haare
geschoren hat

sich weder aufhält in Außenseiter
noch in Künstlercafés

ausschließlich besorgt um seine Bauchmuskeln
& besessen sich fit macht

- kann er da noch Dichter sein?

Haar handschrift

voor mijn grootmoeder, Tine Van Der Sloten (1897-1990)

1

Van haar moeder
bleef haar de balast
van het gemis

Van haar vader
de wijsheden
levenslang herkauwd

Van haar kleinzoon
de kleine ergernissen
de onvoorwaardelijke liefde

De uren samen
en de uren
dat ik haar vergat

Ihre Handschrift
für meine Großmutter, Tine Van Der Sloten (1897-1990)

1

Von ihrer Mutter
blieb ihr der Ballast
des Vermissens

Von ihrem Vater
die Weisheiten
lebenslang wiedergekäut

Von ihrem Enkel
die kleinen Ärgernisse
die uneingeschränkte Liebe

Die Stunden zusammen
die Stunden
daß ich sie vergaß

2

Tenslotte
zag ze de zee
die liet haar koud

Zoals schijnbaar
de doden
in november

Eenmaal snikken
om twee overleden
vriendinnen

Eén in Brussel
één in Amerika
die ze nooit bezocht

2

Am Schluß
sah sie die See
die ließ sie kalt

So wie scheinbar
die Toten
im November

Einmal schluchzen
für zwei verstorbene
Freundinnen

Eine in Brüssel
eine in Amerika
die sie nie besucht

3

Ze vluchtte tweemaal
liet brandende huizen
achter zich

Sprak vanaf toen
nauwgezet het uur uit
voor het slapengaan

Van haar leed
schreef ze nooit
het eerste woord

En toch heel soms
haar handschrift
traag en taai

3

Sie flüchtete zweimal
ließ brennende Häuser
hinter sich

Sprach von da an
ganz genau die Stunde aus
fürs Schlafengehen

Von ihrem Leid
schrieb sie nie
das erste Worte

Und doch von Zeit zu Zeit
ihre Handschrift
träge und zäh'

4

Nooit leerde zij
van bieren en wijnen
de lome troost

Wel van bloemen
zodra de tijd
zich tegen haar keerde

Haar volvet lichaam
verschrompelde
tot een klein leed

Zoals het leven
dat te mooi leek
en haar argwaan wekte

4

Nie lernte sie
von Bieren und Weinen
den trägen Trost

Schon von Blumen
da als die Zeit
sich gegen sie kehrte

Ihr vollfetter Körper
schlumpelte
bis zu kleinem Leid

so wie das Leben
das zu schön schien
ihren Argwohn weckte

5

Als ze dacht
aan de man en de zoon
die men haar ontnam

Wreef ze zich
de huid
die dunner werd

Als in de tuin
die haar wereld was
de bloemen brandden

Zag zij de zon
steeds vlugger
ondergaan

5

Als sie dachte
an Mann und Sohn
die man ihr nahm

Reibte sie sich
die Haut
die dünner wurd'

Wie im Garten
der ihre Welt war
die Blumen brannten

Sah sie die Sonne
stets zügiger
untergehen

Abrikozen voor Ali

De twaalfjarige Ali lag te slapen
toen een raket zijn huis vernielde

Zijn zwangere moeder doodde,
zijn broertje, zijn vader.

Zo klein is zijn wereld geworden:
vier vuile muren

Lakens die de zestig procent
van zijn lichaam

Verbrand in de derde graad,
niet verdragen.

Zo vecht hij tegen de pijn,
noemt de ziekenzuster
hannan, moeder.

Aprikosen für Ali

Zwölfjähriger Ali lag zu schlafen
als eine Rakete sein Haus erwischte

Seine schwangere Mutter tötete,
seinen Bruder, seinen Vater.

So klein ist seine Welt geworden:
vier kaputte Mauern

Laken die die sechzig Prozent
seines Körpers

Verbrannt bis zum dritten Grad
nicht vertragen.

So kämpft er gegen den Schmerz,
nennt die Krankenschwester
hannan, Mutter.

Ik mis mijn broertje,
we speelden voetbal
en gingen samen vissen.

Krijg ik nieuwe armen?
Ik wil dokter worden!

Voor de oorlog wist hij niet eens
wat Amerika was, of Engeland.

Er is zoveel dood hier,
hij moet blijven leven.

Zijn er nog abrikozen,
- voor Ali?

Ich vermisse meinen Bruder,
wir spielten Fußball
gingen zusammen Fische fangen

Krieg' ich neue Arme?
Ich will Arzt werden!

Vor dem Krieg wußte er nichtmal
was Amerika ist, oder England.

Da ist soviel Tod, hier
er muß leben bleiben.

Sind da noch Aprikosen,
- für Ali?

Landmijnen (hoe groot)

Hoe groot is de mens
die met woorden als
bom, obus, raket, raketbom goochelt,
en ze vult met kleinere bommen.

Hoe groot is de mens
als deze munitie in bomen,
op daken of onder armoedig
Afrikaans zand belandt.

Hoe groot is de mens
als in de naweeën van oorlogen
onopgeruimde antipersoonsmijnen
nog dagelijks leed veroorzaken.

Hoe groot is de mens
als hij deze bommen
in felle kleuren schildert,
- wat vooral kinderen aantrekt.

Hoe groot is de mens
die hierdoor kinderen
een arm of been
ontneemt.

Landminen (wie groß)

Wie groß ist der Mensch
der mit Wörtern wie
Bombe, Granate, Rakete, jonglieren,
sie füllt mit kleineren Bomben.

Wie groß ist der Mensch
wenn diese Munition in Bäumen
auf Dächern oder unter armseligen
Afrikasand landet.

Wie groß ist der Mensch
wenn in den Nachwehen von Kriegen
nicht weggeräumte Antipersonenminen
noch jeden Tag das Leid produzieren.

Wie groß ist der Mensch
wenn er diese Bomben
in kräftigen Farben malt,
- was vor allem die Kinder zieht.

Wie groß ist der Mensch
der hier von Kindern
einen Arm ein Bein
nimmt.

Hoe groot is de rat
die explosieven
van landmijnen opspeurt
via haar reukzin.

Hoe groot is de mens
die, met metaaldetector,
slechts dertig vierkante meter
per dag aankan.

Hoe groot is de rat
die op een halfuur tijd
honderd vierkante meter
afspeurt.

Hoe groot.
Hoe groot.

Wie groß ist die Ratte
die Sprengstoffe
von Landminen aufspürt
mit ihrer Nase.

Wie groß ist der Mensch
der, mit Metalldetektor,
so dreißig Quadratmeter
am Tage schafft.

Wie groß ist die Ratte
die in der halben Stunde
hundert
schafft.

Wie groß.
Wie groß.

Hoor ik hier, hoor ik hier thuis

Hoor ik hier, hoor ik hier thuis
als u mij nawijst,
de kleur van mijn huid ontleedt,
mij blanker dan blank wilt?

Hoor ik, hoor ik erbij
als ik op uw terrassen zit
en cava drink
omdat dat in is deze zomer?

In een zon die voor iedereen schijnt
maar mij in de schaduw zet:
schuchter, schamel,
scheef bekeken?

Ik sta nu aan de top,
U decoreerde mij tot kansarm.
Ik kreeg een tweedehands job,
leef in de darmen van uw maatschappij.

Hoe kan ik opstijgen, dit ontstijgen,
bij u verblijven
dan in een vals verbond?
Hoor ik hier, hoor ik hier thuis?

Gehör' ich hier hin, bin ich hier zuhaus'

Gehör' ich hier hin, bin ich hier zuhaus'
als du mich nachbleichst,
die Farbe aus der Haut holst,
mich weißer als weiß willst?

Höre ich, gehöre ich dazu
als ich auf euren Terrassen sitz'
und Cava trinke
weil es Trend ist diesen Sommer?

In einer Sonne die für jeden scheint
mich aber in den Schatten setzt:
schüchtern, so ärmlich,
schräg angesehen?

Ich stehe jetzt an der Spitze,
Ihr apostrophiert mich als chancenarm.
Ich bekam einen Zweitehandsjob
lebe in den Gedärmen von eurer Gesellschaft.

Wie kann ich aufsteigen, dem entsteigen,
bei euch bleiben
da in einem falschen Bund?
Gehör' ich hier hin, bin ich hier zuhaus'?

De dolfijn

Hij leeft in landschappen
van water en van lucht.

Daartussen springt hij,
tekent bogen aan de hemel.

Zingt zijn wateraria's:
geluidsgolven, fluitsignalen,
één en al lokroep.

Navigator en jager
heeft hij een zee van water.

Steelt tijd om te spelen,
deze onstuimige tuimelaar.

Golft om ons heen,
speelt krijgertje.

Hij is mijn waterlief,
deze waterdief.

Der Delphin

Er lebt in Landschaften
von Wasser und Luft.

Dazwischen springt er,
zeichnet Bögen an den Himmel.

Singt seine Wasserarien:
Geräuschewellen, Flötensignale,
all dies ein Lockruf.

Navigator und Jäger
hat er eine See von Wasser.

Stiehlt Zeit um zu spielen,
dieser umtriebige Tümmler.

Wellenschlagend um uns herum
spielt Fangen.

Er ist mein Wasserlieb',
dieser Wasserdieb.

Olijfje

O, Olijfje, laat me jou
de eerste keer koud persen,
Niets gezonder dan jij
smeltend in mijn pan!

Laat me mijn lekker stuk
in je olie braden.
O, olijfje, alleen dan
voel ik me een echte man!

Olivlein

Oh, Olivlein, laß' mich dich
das erste Mal kalt pressen.
Nichts ist gesünder als du
schmilzend in meiner Pfanne!

Laß' mich dein Leckerstück
in deinem Öl braten.
Oh, Olivlein, allein dann
fühl' ich mich als echter Mann!

U, mijn koning

U, mijn koning,
die mijn verdriet wegveegt,
een mond vol honing,
verse vruchten
in uw bekken en daarna,
ten langen leste, bekaf.

Ik kom, ik kom,
langs achterpoortjes,
keer op keer.

Tenslotte mijn koning
schuwden we volmondig
het ochtendlicht
en de gordijnen bleven
lange seizoenen dicht.

Geen gezicht mijn majesteit:
Uw broek vol goesting!
Maar hoe u mij berijdt,
geen republiek kan mij dit bieden!

Vive Le Roi, Vive Le Roi!

Ihr, mein König

Ihr, mein König,
der meinen Verdruß wegfegt,
ein Mund voll Honig,
frische Früchte
ins Becken und danach,
am letztendlichen Ende, todmüde.

Ich komme, ich komm'
entlang den Hintertüren,
mal um mal.

Am Schluß mein König
scheuen wir vollmundig
das Morgenlicht
die Gardinen blieben
lange Jahreszeiten dicht.

Kein Antlitz, meine Majestät:
Ihre Hose voller Lust!
Aber wie sie mich bereiten,
keine Republik kann das mir bieten!

Vive Le Roi, es lebe der König!

De inscheping

O zeebonk, zoek mij
bij de blinde passagiers,
bij de bevaren kapiteins
en de jonge schippers.

O zeemaat, scheep mij in,
ik wil bootje met u varen,
uw rivier bakenen,
uw vlag hijsen.

O zeegast, ik hoor
uw bootsfluit al,
ik zie uw scheepslantaarn,
ik voel u aan boord komen.

O zeeman, bevracht mijn schip
sla mijn schroef achteruit,
gooi mijn roer om,
voel mijn vrijgezellenknoop.

O zeerob, uw dekknecht
zal ik zijn.
En nu, alle hens,
ahoy, kies het zeegat!

Die Einschiffung

Oh Seebär, such' mich
bei den blinden Passagieren,
bei den erfahrenen Kap'täns
und den jungen Schiffern.

Oh Meermaat, schiff mich ein
Boot fahren will ich mit dir,
an eueren Fluß die Baken setzen,
eu're Flagge hissen.

Oh du Seekerl, ich höre schon
deinen Bootsmanns Pfiff,
ich sehe eu're Schiffslaterne
ich fühle euch kommen an Bord.

O Seemann, befrachte mein Schiff
schlag mein Schraubenwerk heraus,
werf mein Ruder um,
fühle meinen Junggesellenknopf.

Oh Seerobbe, dein Deckknecht
soll ich sein
und nun, alla Mann,
ahoi, wähl' die Pforte hinein in die See!

To the lighthouse

De liefde
verliest
haar getijden.

Dat wegebben blijft
ons bij, versteend
op de oever.

Nooit
halen we
morgen.

Zum Leuchtturm
to the lighthouse

Die Liebe
verliert
ihre Gezeiten.

Das Wegebben bleibt
uns erhalten, versteinert
auf dem Ufer.

Nie
holen wir
das Morgen.

The waves

Het water waakt
en wacht. De zee
wenkt.

Het verlangen
hijgt haar
loden lokroep.

Het omknellen
is de vrees van
mijn dubbeldier.

Eindeloos dit ontrukken
aan het tij
van mijn lijf.

Die Wellen

the waves

Das Wasser wacht
und wartet. Die See
winkt.

Das Verlangen
hechelt seinen
bleiernen Lockruf.

Das Umgreifen
ist die Furcht
meines Doppeltiers.

Endlos dieses Entrücken
an der Gezeit
meines Körpers.

Het water weelderig

voor Fred Deburghraeve
Olympisch Goud, wereldrecord 100 m schoolslag 1996

Deze zwemvogel
klieft in karig kostuum
het wateroppervlak.

Door dik en dun
zwemt hij
zijn kamp.

Als een rot, als een rat
snijdt hij door het water,
komt boven, hapt naar leven.

Geen zwemmerige blik,
maar schoolslag
en nog eens schoolslag!

Een hartslag
harder dan water.
En sneller!

Das Wasser reich
für Fred Deburghraeve
Olympisches Gold, Weltrekord 100 m Brust 1996

Dieser Schwimmvogel
streicht in knappem Anzug
die Wasseroberfläche.

Durch dick und dünn
schwimmt er
seinen Kampf.

Als Haudegen, als eine Ratte
schneidet er durch das Wasser,
kommt hoch, schnappt nach Leben.

Kein verschwommener Blick,
aber Brust
und nochmal Brust!

Ein Herzschlag
härter als Wasser.
Und schneller!

Heeft hij een zwemvoet,
zwemvliezen tussen
te veel tenen?

Deze kale Samson
brak de golfslag
van alle records.

Waar hij zwom, werd
het water weelderig
en zijn naam van goud.

Hat er einen Schwimmfuß,
Häute zwischen
zu viel Zehen?

Dieser kahle Samson
brach den Wellenschlag
aller Rekorde.

Wo er schwamm, wurd'
das Wasser reich
und sein Name zu Gold.

Nobody knows the trouble I've seen
voor Gregory Frateur

Ik ween & klaag, buig & dwaal,
draag uw slavenketenen.
Niemand kent mijn lijden,
niemand kent mijn lot.

U roofde mij weg uit mijn land,
ontnam mij mijn naam.
Ik ben als een kind zonder moeder,
ver van huis.

Maar eens verandert de maan in bloed,
zal deze oude wereld wankelen.
De hel is diep, de hel is wijd,
maar de wateren zullen wijken.

40 dagen & 40 nachten zal het regenen.
Slavendrijvers roeien in het wilde weg.
Probeerden ze te zwemmen,
dan zwemmen ze nu nog.

Deze wereld is niet mijn thuis.
Ik ben alleen op doorreis.
Laat me knielen, het brood breken,
mijn blik gericht op de rijzende zon.

Mijn naam is geroepen.
Mijn huis is aan de overkant.

Nobody knows the trouble I've seen
für Gregory Frateur

Ich weine & klage, beuge & schweife,
trage eure Sklavenketten.
Niemand kennt mein Leiden,
niemand kennt mein Los.

Ihr raubtet mich aus meinem Land,
entnahmt mir meinen Namen.
Ich bin als Kind ohne Mutter
fern von zuhaus'.

Aber einst verändert sich der Mond in Blut,
sollen diese alten Welten kippen.
Die Hölle ist tief, die Hölle ist weit,
aber die Wasser sollen weichen.

Vierzig Tage & vierzig Nächte soll es regnen.
Sklaventreiber rudern in den wilden Weg.
Probieren zu schwimmen,
da schwimmen sie jetzt noch.

Diese Welt ist nicht mein Haus.
Ich reise durch alleine das.
Laß' mich knien, das Brot brechen,
mein Auge gerichtet auf die steigende Sonne.

Mein Name ist gerufen.
Mein Heim ist an der Oberseite.

Free at last
voor Gregory Frateur

Op een heldere morgen krijg ik vleugels,
een kroon met sterren, een gouden harp
en zeil ik door de lucht
op weg naar het beloofde land.

Ik volg de ster tot ik de vallei bereik
waar mijn ziel tot rust komt.
Spoedig komt er een eind
aan de beproevingen van deze wereld.

Ik was blind maar zie nu weer.
Genade, hoe zoet uw klank,
die een wrak redde als ik.
Straks ben ik verlost van alle pijn.

Niet iedereen die erover praat
zal er heen gaan. Hoor hun stem:
Als gij voor mij uw doel bereikt,
zeg mijn vrienden dat ik kom.

Ik bereik de overkant.
Mijn ziel is u ontglipt.
Met bloed schrijf ik mijn naam
in het boek des levens.

Goed nieuws: ik zal niet meer sterven.
Ik laat het licht over de wereld schijnen.

Free at last
für Gregory Frateur

An einem helleren Morgen bekam ich Flügel,
eine Krone mit Sternen, eine goldene Harfe
segel durch die Luft
auf dem Weg zum gelobten Land.

Ich folg' dem Stern bis zum Tal
wo meine Seele zur Ruhe kommt.
Ganz schnell kommt da ein Ende
an die Prüfungen dieser Welt.

Ich war blind doch jetzt wieder sehend.
Gnade wie süß dein Klang,
der ein Wrack rettet so wie ich.
Mit einem Mal bin ich erlöst vom Schmerz.

Nicht jeder der darüber redet
soll auch da hin gehen. Hör' ihre Stimme:
Wenn du vor mir dein Ziel erreichst,
sage meinen Freunden ich komme.

Ich erreiche die Andere Seite
Meine Seele ist euch entglitten.
Mit Blut schreibe ich meine Namen
ins Buch vom Leben.

Gute Nachrichten: ich werde nicht mehr sterben.
Ich laß das Licht über die Welt scheinen.

Lighthouse

Selfportrait

Now he shaved off
his wild mane

doesn't frequent the marginal
nor the artistic café's anymore

exclusively worried about his abs
& fitnesses like crazy

- can he then after all still be a poet?

Her handwriting
for my grandmother, Tine Van Der Sloten (1897-1990)

1

Of her mother
remained the weight
of absence

Of her father
wisdoms
revisited a life long

Of her grandson
the small annoyances
the unconditional love

The hours together
and the hours
I forgot her

2

Finally she saw
the sea
it left her cold

Like seemingly
the death
in November

Sobbed once
for two girlfriends
passed away

One in Brussels
one in America
whom she never visited

3

Twice she fled
leaving behind
burning houses

From then on she spoke
painstakingly the hour
before bedding down

Of her sorrow
she never wrote
the first word

And yet very rarely
her handwriting
slow and stringy

4

Never did she learn
from beers and wines
the sluggish solace

Yet from flowers
whenever time
turned against her

Her full fat body
shrunk
to small sorrow

Like life
seemingly too perfect
arose her suspicion

5

When she thought
about her husband and son
taken from her

She rubbed her
skin
getting thin

When in the garden
which was her world
the flowers burned

She saw the sun
setting
always faster

Apricots for Ali

Twelve years old Ali lay sleeping
when a rocket destroyed his house

Killed his pregnant mother
his little brother, his father,

So narrow became his world:
four dirty walls

Sheets which sixty percent
of his body

Burned in the third degree
cannot tolerate.

So he fights pain,
calls the nurse
hannan, mother.

I miss my little brother,
we used to play football
and went fishing together.

Will I get new arms?
I want to become a doctor!

Before the war he didn't even know
what America was, or England.

There is so much dying here,
he has to go on living.

Will there be apricots,
- for Ali ?

Landmines (how big)

How big is man
juggling words like
bomb, shell, rocket, rocket bomb,
and fills them with smaller bombs.

How big is man
if his ammunition ends up in trees,
on roofs or under wretched
African sand.

How big is man
if in the aftermath of wars
not cleaned up antipersonnel mines
still cause daily harm.

How big is man
if he paints these bombs
in bright colours
- attracting mainly children.

How big is man
who because of this takes
an arm or a leg
from a child.

How big is the rat
who locates explosives
of landmines
with its nose.

How big is man,
who with a metal detector
manages about thirty square metres
per day.

How big is the rat
who in half an hours
time checks
one hundred square metres.

How big.
How big.

Do, do I belong here, am I home here

Do, do I belong here, am I home here
when you point at me,
dissect the color of my skin,
want me whiter than white?

Do, do I belong, am I part of it
when I sit at your terraces
and drink cava
because that's in this summer?

In a sun that shines for all
yet leaves me in shadows,
shy, shabby,
peered at me, peeved?

Now I am on top,
you knighted me as disadvantaged.
Got a second hand job,
live in the underbelly of society.

How can I rise up, arise from this,
remain with you
but in a turbid treaty?
Do, do I belong here, am I home here?

The dolphin

He lives in landscapes
of water, of air.

Between both he jumps,
draws arcs in the sky.

Sings his water arias:
sound waves, whistle signals,
all lure and call.

Navigator and hunter
he has a sea of water.

Steals time to play,
this tumbling bottle nose.

Gushes around us,
plays catch as catch can.

He is my water-angel
this water-breaker.

Olivette

O, Olivette, let me
do a cold virgin press.
Nothing healthier than you
melting in my pan.

Let me fry in your oil
my tasty morsel.
O, Olivette, only then can
I feel like a real man!

You, my king

You, my king
eraser of my sorrow,
a honey filled mouth,
fresh fruits
in your pelvis and afterwards,
finally, done.

I come, I come,
through back doors,
each and every time.

After all my king
we bluntly shun
the morning light
and the curtains remained
seasons long closed.

It's no sight my majesty:
your pants hard with lust!
But how you trust,
no republic can
do this to me!

Vive Le Roi! Long live the King!

Embarkation

Oh seadog look for me
among the stowaways,
among experienced captains
and the young skippers.

Oh sea mate, embark me
I want to sail with you,
beacon your river
and hoist your flag.

Oh sea bloke, already I hear
your boatman's whistle,
I see your ships lantern,
feel your coming on board.

Oh seaman, load my boat,
lift up my rotor,
turn my rudder,
feel my bachelor's knot.

Oh sea stud, your deck mate
I shall be
and now, all hands,
ahoy, sail through the sea gate.

To the lighthouse

Love
looses
its tides.

This ebbing away stays
with us petrified
on the shore.

Never
will we make it
to tomorrow.

The waves

The water watches
and waits. The sea
waves in.

Longing
yearns
its leaden lure.

The hug
is the fear of
my double devil.

Without end this wrenching
away from the tide
of my body.

Water luxuriant

for Fred Deburghrave
Olympic Gold, world record 100 m breaststroke 1996

This swimming bird
cleaves in skimpy costume
the surface of the water.

Through thick and thin
he swims
his contest.

As a brat, as a rat
he cuts through water,
comes up, gasps for life.

No swimming glance,
but breaststroke,
and again breaststroke!

A heartbeat
harder than water.
And faster!

Does he have flippers,
is he web-footed
with too many toes?

This bald Samson
broke the swell
of all records.

Where he swam,
the water became luxuriant
and golden his name.

Nobody knows the trouble I've seen
for Gregory Frateur

I moan and groan, bow & err,
carry your slave-chains.
Nobody knows my pain,
nobody knows my fate.

You snatched me away from my land,
robbed me of my name.
I am like a motherless child,
far away from home.

But as soon as the moon turns into blood,
this old world will wobble.
Hell is deep, hell is wide,
but the waters shall part.

40 days & 40 nights it shall rain.
Slave drivers wildly row around.
Did they try to swim,
then they are swimming still.

This world is not my home.
I am just passing through.
Let me kneel, break bread,
my eyes on the rising sun.

My name has been called.
My home is on the other side.

Free at last

for Gregory Frateur

On a clear morning I grow wings,
a starry crown, a golden harp
and sail through the air
on my way to the promised land.

I follow the star till I reach the valley
where my soul can rest.
I soon will be done
with the troubles of the world.

I was blind but now I see.
Grace, how sweet your sound,
saving a wreck like me.
Soon I'll be released of all pain.

Not everyone talking about it
is going there. Hear their voice:
If you reach your goal before me,
tell my friends I am coming.

I reach the other side.
My soul slipped away from you.
With blood I write my name
in the book of life.

Good tidings: I won't die anymore.
Over the world I let shine the light.

Bio-Biblio

Roger Nupie (*1957 Keerbergen, BE) debuteerde in 1993 met *Ivoren weemoed*. Zijn poëzie is sindsdien erg verscheiden: van weemoedig tot lichtvoetig, van sociaal geëngageerd tot uitgesproken erotisch.

Hij organiseerde twintig jaar lang tentoonstellingen, wat leidde tot bibliofiele uitgaven met allerlei kunstenaars. Werkt geregeld mee aan muziek- en theaterprogramma's.

Roger Nupie's (*1957 Keerbergen, BE) poetic debut was in 1993 with *Ivoren weemoed*. Since then his poetry became very divers: from melancholic to lighthearted, from social engagement to explicitly erotic.

During 20 years he organized exhibitions. This brought bibliophilic publications with several artists. He regularly is implied in music and theater productions.

Roger Nupie (*1957 Keerbergen, BE)
Ivoren weemoed (Wehmut in Elfenbein - Ivory Nostalgia), 1983. *Zo verander je van lichaam* (So veränderst du Körper - So you change bodies), 1989; *Abrikozen voor Ali* , (Aprikosen für Ali - Apricots for Ali), 2005.

Anmerkung - Opmerking - Remark

Abrikozen voor Ali Aprikosen für Ali Apricots for Ali

Morgen zullen er abrikozen zijn: Irakees gezegde, betekent zoveel als *morgen zal alles beter zijn*.

Irakisches Sprichwort: Morgen gibt es wieder Aprikosen: *Morgen ist alles wieder gut*.

Tomorrow there will be apricots: A proverb in Iraq meaning *Tomorrow will be better*.

world internet books

wib.panorama - poetry for the world
Anthology - Anthologie - Bloemlezing

Grenzland
Werkbuch - Werkboek

Flußschiffahrt
Inland Waterways - Binnenvaart
Anthologie zur Kulturhauptstadt Europas Ruhrgebiet 2010
Cultural Capital of Europe

ANTI
Anti-War Anthology Antikriegsanthologie
Antioorlog Bloemlezing

Hafenklänge - Havenklanken
Sounds of Harbour
Sons du Port

Die Liebe in Holland und Flandern
De Liefde in Holland en Vlaanderen
Love in Holland and Flanders

Global Night Car
Weltnachtauto - Wereldnacht auto

world internet books

Job Degenaar
Ich bin - I am

Paul Gellings
Stem van de herfst - Stimme des Herbstes

Roger Nupie
Lighthouse - Lichthaus - Lighthouse

Annie Reniers
Letters of Light - Buchstabenlicht – Letters van Licht

Fred Schywek
Felsenleiter - Rockstairs
Weiße Mühle - Witte molen - White mill

Annmarie Sauer
Traces - Spuren - Sporen

Lucienne Stassaert
In one breath - In één adem - In einem Atemzug

Bart Stouten
Offenes Herz - Open hart - Open heart

world internet books
Duisburg/Rhein - Antwerpen – Hamburg

Herstellung und Verlag:
Books on Demand GmbH, Norderstedt
ISBN 978-3-8391-9148-4